BEI GRIN MACHT SICH IHR WISSEN BEZAHLT

- Wir veröffentlichen Ihre Hausarbeit, Bachelor- und Masterarbeit

- Ihr eigenes eBook und Buch - weltweit in allen wichtigen Shops

- Verdienen Sie an jedem Verkauf

Jetzt bei www.GRIN.com hochladen und kostenlos publizieren

Gero Birke

Wissensmanagement – Mentoring

GRIN Verlag

Bibliografische Information der Deutschen Nationalbibliothek:

Die Deutsche Bibliothek verzeichnet diese Publikation in der Deutschen Nationalbibliografie; detaillierte bibliografische Daten sind im Internet über http://dnb.d-nb.de/ abrufbar.

Dieses Werk sowie alle darin enthaltenen einzelnen Beiträge und Abbildungen sind urheberrechtlich geschützt. Jede Verwertung, die nicht ausdrücklich vom Urheberrechtsschutz zugelassen ist, bedarf der vorherigen Zustimmung des Verlages. Das gilt insbesondere für Vervielfältigungen, Bearbeitungen, Übersetzungen, Mikroverfilmungen, Auswertungen durch Datenbanken und für die Einspeicherung und Verarbeitung in elektronische Systeme. Alle Rechte, auch die des auszugsweisen Nachdrucks, der fotomechanischen Wiedergabe (einschließlich Mikrokopie) sowie der Auswertung durch Datenbanken oder ähnliche Einrichtungen, vorbehalten.

Impressum:

Copyright © 2012 GRIN Verlag GmbH
Druck und Bindung: Books on Demand GmbH, Norderstedt Germany
ISBN: 978-3-656-41363-9

Dieses Buch bei GRIN:

http://www.grin.com/de/e-book/212877/wissensmanagement-mentoring

GRIN - Your knowledge has value

Der GRIN Verlag publiziert seit 1998 wissenschaftliche Arbeiten von Studenten, Hochschullehrern und anderen Akademikern als eBook und gedrucktes Buch. Die Verlagswebsite www.grin.com ist die ideale Plattform zur Veröffentlichung von Hausarbeiten, Abschlussarbeiten, wissenschaftlichen Aufsätzen, Dissertationen und Fachbüchern.

Besuchen Sie uns im Internet:

http://www.grin.com/

http://www.facebook.com/grincom

http://www.twitter.com/grin_com

INSTITUT FÜR SOZIALWISSENSCHAFTEN
TECHNISCHE UNIVERSITÄT BRAUNSCHWEIG

Thema: **Wissensmanagement – Mentoring**

Verfasser: Dr. Gero Birke

Inhaltsverzeichnis

Seite

1. Herausforderung demografischer Wandel 3

2. Wissensmanagement 5

3. Wissensmanagement als Antwort auf den demografischen Wandel 15

   Quellenverzeichnis

1. Herausforderung demografischer Wandel

Die politische wie auch gesellschaftliche Debatte um die „Vergreisung" Deutschlands ist in vollem Gange. So zeichnen sich Szenarien ab, dass der Rückgang der Zahl der Erwerbstätigen einen Arbeitskräftemangel nach sich zieht, die Altersstruktur in Unternehmen sich ändert, sich die Leistungs- und Innovationsfähigkeit von Unternehmen unter geänderten Rahmenbedingungen beweisen müssen. Risiken, die mit dem demografischen Wandel[1] einhergehen und denen sich Unternehmen bewusst sein müssen, sind der Verlust an Know-how und Kompetenzen wie auch der von Experten und Ansprechpartnern innerhalb sowie außerhalb des Unternehmens, Brüche im Dienstleistungsprozess, eine Überforderung jüngerer Mitarbeiter, mangelnde Motivation und Bindung an das Unternehmen. Die Konsequenzen sind die, dass es wahrscheinlich vermehrt zu „qualifikatorischen und regionalen Ungleichgewichten zwischen Arbeitskraftangebot- und nachfrage" (Buck 2007: 9) kommt, der Rekrutierungsspielraum jüngerer Erwerbstätiger vor allem bei Hochqualifizierten stark schrumpft und diese Verknappung zu einer entsprechenden Verteuerung führt, und zuletzt ein steigendes Alter der Belegschaften als sicher gilt (Buck 2007: 9). In zahlreichen Unternehmen weiß man um diese Problematik, scheint sie aber mitunter nicht als dringlich anzusehen, wenn man sieht wie wenige sich mit entsprechenden Projekten der Thematik widmen. In der ganzen Diskussion wäre es fahrlässig zu vergessen, dass sich die Herausforderungen des demografischen Wandels nicht im eigentlichen Sinne "lösen" lassen – und dies schon gar nicht auf Unternehmensebene. Die Korrelation mit langfristiger Bevölkerungsentwicklung und stetig leeren öffentlichen Kassen muss ebenso bedacht werden. Einige Instrumente und Methoden der Personalentwicklung offerieren Ansätze für Teillösungen, die es sich lohnt zu verfolgen.

Gerade der schleichende Verlust von (fachlichem und sozialem) Wissen stellt eine Bedrohung für die wirtschaftliche Grundlage vieler Organisationen dar. So ist der Wissenstransfer, der gewährleisten soll, dass Erfahrungswissen und informelles Wissen dem Unternehmen nicht verloren gehen, ein essentielles Thema. **Im Rahmen der vorliegenden Arbeit soll der Frage nachgegangen werden, inwieweit sich**

---

[1] Der Begriff Demografie setzt sich aus den griechischen Worten démos (Volk) und grafé (Schrift) zusammen. Die Demografie beziehungsweise Bevölkerungswissenschaft befasst sich statistisch mit der Entwicklung von Bevölkerungen und deren Strukturen. Gegenstand der Untersuchung sind alters- und zahlenmäßige Gliederung, geografische Verteilung sowie Umwelt- und soziale Faktoren. Der Begriff demografischer Wandel beschreibt folglich die Veränderung der Zusammensetzung der Altersstruktur einer Gesellschaft.

Mentoring als Instrument eignet, Wissen in einer Organisation zu halten. Um diese Frage zu beantworten, scheint es sinnvoll zunächst zu klären, welche Bedeutung Wissensmanagement für Unternehmen hat, um anschließend näher darauf einzugehen welches Konzept Mentoring verfolgt und unter welchen Voraussetzungen, in welchem Rahmen und mit welcher Zielsetzung Mentoring ein sinnvolles Instrument des Wissensmanagements darstellt.

2. Wissensmanagement

Ältere Arbeitnehmer besitzen neben ihrem Fachwissen viel organisatorisches, methodisches und soziales Wissen. Dies gilt es für das Unternehmen zu bewahren. Gerade die berufsbezogenen Erfahrungen sind mit die wichtigsten Potenziale älterer Arbeitnehmer für ein Unternehmen. Nicht weniger von Bedeutung sind Qualitätsbewusstsein, Zuverlässigkeit und Arbeitsmoral sowie Kooperationsbereitschaft und Eigenverantwortlichkeit, die an die nachstrebende Generation der Beschäftigten weitergegeben werden sollten.

Für Unternehmen besteht also ein inhärentes Interesse daran sich frühzeitig um den Erhalt des Wissens älterer Beschäftigter zu bemühen und einen erfolgreichen Wissenstransfer zu initiieren. So beugt man dem – wirtschaftlich durchaus kostspieligen – Verlust beruflichen Erfahrungswissens vor und kann durch den Wissenstransfer aus „eigenen Mitteln", dadurch dass ältere Beschäftigte die jüngeren betreuen, die Kompetenzen beider entwickeln und erweitern, was zu einer Stärkung des Leistungspotenzials der Mitarbeiter führt. Nebenbei kann dies auch positive Effekte hinsichtlich einer gesundheitsförderlichen und altersgerechten Gesamtstrategie sein, bedenkt man, dass die jüngeren Arbeitnehmer bestimmte im Alter nicht mehr der Gesundheit ganz so zuträgliche Aufgaben abnehmen können. Somit wird langfristig die Leistungsfähigkeit des Unternehmens sichergestellt. Durch die Zusammenarbeit verschiedener Mitarbeitergenerationen wird zudem die individuelle Anerkennung steigen, was sich wiederum auf die Attraktivität und Bindungskraft des Unternehmens positiv auswirkt, da das Arbeitsklima stimmt.

Für die Nachbesetzung von Stellen scheint es sinnvoll diese bereits frühzeitig nachzubesetzen. Hierzu kann das vorhandene Potenzial aus der Mitarbeiterschaft nutzen, indem man einem Nachrückerkonzept folgend einige potenzielle Kandidaten für die vakante Position entsprechend qualifiziert und abschließend dann in einem professionellen Auswahlverfahren die Entscheidung, wer für die Stelle am Geeignetsten ist, fällt. Im Idealfall wird die Personalentscheidung ein Jahr vor Ausscheiden der bisherigen Führungskraft gefällt, damit der Nachfolger gezielt eingearbeitet werden kann. Die Fortbildungsmaßnahmen sollten für jeden Kandidaten individuell festgelegt werden, wobei Inhalte und der zeitliche Rahmen variieren können. So haben am Ende selbst diejenigen, die nach dem Auswahlverfahren die Position nicht bekleiden werden, Qualifikationen erhalten, die ihnen für folgende Bewerbungen auf Führungspositionen nützlich sein können. Insofern haben am Ende alle Beteiligten von dem Verfahren profitiert.

Lerntandems

Die wohl am einfachsten umzusetzende Maßnahme, um Wissen im Unternehmen weiterzugeben, sind Lerntandems. Sie haben neben dem individuellen Nutzen für die beteiligten Arbeitnehmer, bei denen Erfahrungswissen und Neues aus der Universität oder Berufsschule ausgetauscht und kombiniert wird, auch für das Unternehmen einen Mehrwert. Die Wertschätzung, die ältere Beschäftigte durch ihre Tandempartner erfahren, weil sie diese an ihrem Wissensschatz teilhaben lassen, erfüllt sie mit Stolz und der Bestätigung ihres beruflichen Engagements und der Identifikation mit dem Unternehmen. Der Austausch mit ihren „Nachfolgern" erweitert zudem die persönlichen Fachkompetenzen und eröffnet mitunter neue Kontakte im Unternehmen. Für die jüngeren Arbeitnehmer sind die Lerntandems vorteilhaft, da sie bereits sehr schnell, ohne den beschwerlichen Weg eigener Erfahrungen mit zahlreichen Rückschlägen zu bestreiten, Details und unternehmensspezifische Vorgehens- und Verhaltensweisen durch die langjährigen Mitarbeiter erfahren.[2] So sind sie innerhalb kurzer Zeit in ihre Aufgaben eingearbeitet, können ihr Wissen in der Praxis einbringen und haben Zugang zu diversen Netzwerken – dies ist alles auch für das Unternehmen förderlich und gewährleistet kurze Einarbeitungszeiten, was wiederum kostensparend für das Unternehmen ist.

Damit das Miteinander in der Gruppe funktioniert, sollten sich alle Beteiligten – und diese auch mit den Führungskräften – wertschätzen. Zudem sind die Führungskräfte gehalten dafür Sorge zu tragen, dass ihre Mitarbeiter sich mit ihren Aufgaben identifizieren und sich somit aktiv an der Arbeit beteiligen. Des Weiteren sind Kommunikation und Interaktion während der Arbeit enorm wichtig für den Wissenstransfer, da nur so der Austausch zwischen den Beschäftigten stattfinden kann. Hierbei können Kollegiale Beratung[3] und/oder Teamcoaching[4] hilfreiche Unterstützung gewähren.

---

[2] Hierbei ist zum einen darauf zu achten, dass die Mitarbeiter, die Vorgehens- und Verhaltensweisen weitergeben, dies in einem positiven Sinn tun und nicht derart, dass es dem Unternehmen schadet. Des Weiteren ist von Seiten der Führungskräfte dafür Sorge zu tragen, dass niemand aufgrund seiner Freigiebigkeit bezüglich seines Wissens um seine Position innerhalb des Unternehmens fürchten muss.

[3] „Kollegiale Beratung ist ein systematisches Beratungsgespräch, in dem Kollegen (etwa Führungskräfte oder Projektleiter) sich nach einer vorgegebenen Gesprächsstruktur wechselseitig zu beruflichen Fragen und Schlüsselthemen beraten und gemeinsam Lösungen entwickeln." (http://www.kollegiale-beratung.de/Ebene1/methode.html) Näheres zum Thema hat Kim-Oliver Tietze, der sich eingehend mit der Kollegialen Beratung befasst, unter http://www.kollegiale-beratung.de

[4] Coaching („trainieren", „betreuen", „beraten") ist eine Mischung aus Einzelberatung und individuellem Training. Ziel ist eine persönliche und fachliche Personalentwicklung bei neuen beruflichen

Grundvoraussetzung für Wissensmanagement ist das Interesse aller Beteiligten und das Verständnis eines Mehrwertes für alle, wobei auch intakte Sozialbeziehungen eine bedeutende Rolle spielen. Als problematisch beim Wissenstransfer kann sich die Bereitschaft (exklusives Erfahrungs-) Wissen zu teilen herausstellen. Viele Mitarbeiter haben aufgrund ihrer langjährigen Tätigkeit einen reichhaltigen Erfahrungsschatz sammeln können, den sie – verständlicherweise – nicht unbedingt preisgeben wollen, da dieses exklusive Wissen sie für ihren Arbeitsplatz oder sogar höhere Positionen qualifiziert. Aufgabe der Führungskräfte ist es, ein offenes, von Konkurrenzdruck befreites Arbeitsklima zu schaffen, um die Mitarbeiter dazu zu bewegen, ihr Wissen zu tradieren. Es darf also nicht passieren, dass die Mitarbeiter, die bereitwillig ihr Wissen weitergeben, zu einem späteren Zeitpunkt durch andere Mitglieder ihres Teams ersetzt werden.

In einer beruflichen Entwicklung sind neben fachlichen und methodischen Aspekten ebenso unternehmensspezifische Themen wie Unternehmenskultur, Arbeitsweisen oder Machtstrukturen von Bedeutung. Alleine die fachliche Eignung ist noch lange kein Garant für beruflichen Erfolg – vielmehr sind es die Soft-Skills, da Erfolg eng damit verbunden ist, wahrgenommen zu werden, sich Chancen zu erarbeiten und diese auch zu nutzen. Wer, wann, in welcher Form in Entscheidungen eingebunden werden sollte, können Mitarbeiter nur durch lange Betriebszugehörigkeit erfahren.

Mentoring
Eine Methode dieses (vor allem soziale) Wissen zu sichern ist Mentoring. Erfahrene Mitarbeiter – in der Regel Führungskräfte – geben ihr fachliches Wissen oder ihr Erfahrungswissen als Mentoren an den (unerfahrenen) Führungskräftenachwuchs, die Mentees, weiter. Dabei ist wichtig, dass Mentor und Mentee in keinem Vorgesetzten-Mitarbeiter-Verhältnis zueinander stehen, da dies einem freien Gedankenaustausch entgegenstehen könnte. Der Erfolg des Mentoring hängt sehr stark vom Vertrauen zwischen Mentor und Mentee ab, da es aufgrund des der exklusiven Zweierbeziehung

---

Herausforderungen oder zu einzelnen Problemstellungen. In der Regel besteht Coaching aus mehreren Sitzungen zwischen Coach und Klient mit Übungen. Darüber hinaus kann der Klient praktische Aufgaben zwischen den Sitzungsterminen erhalten. Beim Coaching gibt der Coach im Gegensatz zu anderen Methoden wie Consulting, Supervision oder Mediation selbst keine inhaltlichen Weisungen.

gewissermaßen keine Kontroll- und ebenso keine Evaluationsmöglichkeiten gibt, was sicherlich ein Kritikpunkt ist, der jedoch nicht ausgeschlossen werden kann.

Die Zielgruppen von Mentoring sind sehr breit gefächert. Mentoring kann für neue Mitarbeiter, Projektgruppen, High Potentials wie beispielsweise Trainees, Nachwuchsführungskräfte und spezielle Zielgruppen eingesetzt werden. Ebenso vielfältig sind die Organisationsformen von Mentoring wie beispielsweise Mentoring von Potentialträgern, Peer-to-Peer-Mentoring, Cross-Mentoring, Reverse Mentoring, Gruppenmentoring, Informelles Mentoring sowie Blended Mentoring.

Für neue Mitarbeiter sind neben Fachthemen vor allem die sozialen und politischen Besonderheiten beim neuen Arbeitgeber von Bedeutung – Mentoring ist hierbei in sinnvolles Instrument, um neuen Mitarbeitern schnell einen Einblick in die impliziten Abläufe zu ermöglichen. Für Nachwuchsführungskräfte ist insbesondere das Partizipieren am Erfahrungsschatz ihrer Mentoren in Bezug auf ihre Führungsrolle ergiebig, da sie so manchen Fehler vermeiden und schneller in ihre Rolle finden können, was letzten Endes für Mitarbeiter und Unternehmen äußerst positiv ist.

Neben dem Austausch über fachliche Themen und Erfahrungen zwingt der Mentoren-Prozess die Mentees vermehrt zur Selbstreflektion und beschleunigt dadurch ihren Entwicklungsprozess. Im Gegensatz zu einem Coach sollte ein Mentor nicht neutral sein, sondern seine subjektive Meinung, Ratschläge und Erfahrungen situationsbezogen in den Prozess einbringen – so ist Mentoring kein formeller Entwicklungsprozess. Mentees ist es vor allem wichtig, jemanden zu haben, mit dem sie sich vertraulich, offen und detailliert austauschen können. Doch auch der Mentor erfährt durch die Wertschätzung seiner Arbeit eine positive Entwicklung. Dies hat eine Studie der Mentus GmbH mit insgesamt 62 befragten Mentoren aus 42 Unternehmen in 15 Branchen und 38 unterschiedlichen Mentoring-Programmen ergeben (Edelkraut 2011). Die Motivation der Mentoren durchschnittlich zwei bis sechs Stunden im Monat für Mentoring aufzuwenden besteht darin, dass sie den Nachwuchs fördern wollen. Gleichzeitig sehen die Mentoren, dass sie durch das Mentoring selbst Lernzuwachs haben, da Mentees die Mentoren fordern und neue Impulse und Anregungen einbringen. Zudem können sich Mentoren stärker vernetzen, was sich für die eigene persönliche und berufliche Weiterentwicklung nutzen lässt. Mentoring hat positive Auswirkungen auf das Führungsverhalten der Mentoren. Aufgrund ihrer Rolle als Mentor verändert sich mitunter ihre Kommunikation zu einer empathischeren und sie binden Mitarbeiter mehr ein. Die Kommunikation verbessert sich im gesamten Unternehmen, da kooperativer und konstruktiver kommuniziert wird und die Mitarbeiter auch voneinander lernen (wollen) (Mentus GmbH 2010: 6). Die Mentorentätigkeit leistet letzten Endes einen positiven Beitrag zum Unternehmenserfolg. Man könnte denken, dass Mentoring auch Konfliktpotenzial birgt, was sich negativ auswirken könnte, doch scheinen der menschliche Umgang oder die Tätigkeit der Mentoren on-top zu ihrer eigentlichen Funktion nicht relevant zu sein.

Das Unternehmen muss, um aus dem Mentoring Benefits zu erhalten, in Vorleistung treten. So sollten Mentoren auf die vor ihnen liegende Aufgabe vorbereitet werden und entsprechende Schulungen zum Thema Mentoring erhalten. Eine einheitliche Vorbereitung aller Mentoren und die Vermittlung eines einheitlichen Mentoringansatzes führen vielfach zu einer Effizienzsteigerung des Mentoring. Mentoring-Programme bedürfen einer präzisen und eindeutig kommunizierten Rollendefinition sowie der Möglichkeit zum Erfahrungsaustausch, wobei die Mentoren auch in die Weiterentwicklung des Programms einbezogen werden sollten. Best-Practice-Sharing ist ein effektives Instrument, um Mentoring weiterzuentwickeln, da die Mentoren durch einen konstanten Erfahrungsaustausch von den Erfahrungen ihrer Kollegen profitieren können.

In Unternehmen mit einer Führungskultur, die partizipativ ist und dem einzelnen Mitarbeiter eine hohe Eigenverantwortung zubilligt, verstehen sich Führungskräfte meist als Förderer der Mitarbeiter – hier fügt sich Mentoring passend ein. Doch vollkommen losgelöst von der herrschenden Führungskultur sollten junge Führungskräfte verstärkt unterstützt werden und Mentorenschulungen erhalten, was ihnen auch für die eigene Führungsrolle viel wertvolles Wissen bringt. Denn gerade die Fähigkeit Menschen zu führen gilt als größtes Defizit bei der Qualifikation von Führungskräften. Ein Ergebnis einer von der Mentus GmbH verfassten Studie lautet, dass die Führungsleistung von Mentoren höher ist als die vergleichbarer Führungskräfte (Edelkraut 2011).

Entsprechend sollte man Mentoring als Führungskräfteentwicklung nutzen, indem es beispielsweise als Aufbauqualifizierung eingesetzt wird. So könnte Mentoring zum Beispiel im ersten Jahr nach einer Grundqualifizierung oder bei der ersten Übernahme einer Führungsrolle eines High Potentials flankierend bereitgestellt werden. Ebenso sinnvoll ist der Einsatz von Mentoring für eine stärkere Vernetzung innerhalb des Unternehmens, die zu einer Leistungssteigerung durch intensivere Zusammenarbeit und einheitliche Nutzung von

Unternehmensstandards führen soll – Veränderungsprozesse können so beschleunigt werden. „[D]ie Vernetzung [hat] zu gemeinsamen Aktivitäten geführt [..], die sich auf die Verbesserung der Projektmethodik und die gemeinsame Entwicklung neuer Produkte beziehen." (Edelkraut 2012: 9) Mentoring hat also auch mit Blick auf die Organisationsentwicklung seinen Sinn. Durch den intensiven und offenen Austausch zwischen Mentor und Mentee wie auch den mit anderen Tandems werden Herausforderungen des Unternehmens manchmal schneller sichtbar und auch gelöst. Change Management profitiert von der Vernetzung, da die intensive Kommunikation solche negativen Emotionen wie mangelnde Informationen und Unklarheit über die Zukunft ausschließen. „Durch eine frühzeitige, hierarchieübergreifende und vertrauensvolle Zusammenarbeit in Tandems und Gruppen-Mentoring werden Informationen schneller transportiert, Lernprozesse beschleunigt und emotionale Stabilität gefördert." (Edelkraut 2012: 8) Letztlich kann sich durch ein fortlaufendes Mentoring-Programm eine lernende Organisation entwickeln beziehungsweise eine solche unterstützen.

Für Personalabteilungen sind Mentoring-Programme vor allem im Talent Management und der Nachfolgeplanung wie auch zur Führungskräfteentwicklung interessant, können aber ebenso sinnvoll im Rahmen von Change Management und Wissensmanagement eingesetzt werden.

Die Personalabteilung sollte den Mentoren unterstützend zur Seite stehen, spätestens wenn ein Mentoren-Pool aufgebaut wird. Dies bietet den Vorteil von zentraler Stelle auf Mentoren zurückgreifen zu können, die einheitlich qualifiziert und informiert sind, sodass sich bedarfsorientiert Tandems zusammenstellen lassen. Die Einbindung der Mentoren kann durch die Personalabteilung gleichmäßig verteilt werden, sodass nicht nur bestimmte Personen belastet und andere freigestellt sind.

Wer kommt überhaupt als Mentor in Frage? Grundsätzlich kann jeder Mitarbeiter die Rolle des Mentors einnehmen. Andererseits ist es zum Beispiel nicht so, dass automatisch jede Führungskraft aufgrund ihrer Position als Mentor geeignet ist. Es ist tunlichst zu vermeiden, den Eindruck zu erwecken, dass die Teilnahme an einem Mentoring-Programm gleichzusetzen ist mit einer Karriereentwicklung. So würden alle anderen Beschäftigten konsequenterweise demotiviert.

Folgt man dem Rat der Wissenschaft, so liegen zwischen Mentor und Mentee zwei Hierarchiestufen. Mit Blick auf die Entwicklung des Mentees sind diese Annahmen richtig; zur Weiterentwicklung des Mentors ist es jedoch sinnvoller den Abstand geringer zu halten und Konflikte zu vermeiden zu versuchen, indem Tandems über

Bereichsgrenzen hinweg gebildet werden. Empfohlen wird bei der Tandembildung eher die freiwillige Zusammensetzung nach Sympathie, was sich bei neuen Mitarbeitern jedoch als schwierig erweisen dürfte, sodass eine vorab getätigte Zuordnung durch die Personalentwicklung notwendig ist. Die vorherige Zuweisung von Mentoren und Mentees ist nach Aussage der Mentoren, die in der Studie der Mentus GmbH befragt wurden, kein Problem und die Zusammenarbeit funktioniert (Edelkraut 2011).

Ratsam ist es Mentoren wie Mentees ihre Ziele vorab schriftlich fixieren zu lassen, um stets die Möglichkeit zu haben Fortschritte und Entwicklungen nachvollziehen zu können. Eine entsprechende Konzeption erlaubt Mentoring die gleichzeitige Entwicklung von Mentor und Mentee. Einen Schritt weiter könnte man in einer späteren Ausbaustufe gehen, indem eine sogenannte Mentoring-Kaskade installiert wird, in der auch die Mentoren ihrerseits Mentoren oder Coaches erhalten.
Sinnvoll erscheint Mentoring mit anderen Instrumenten der Personalentwicklung wie beispielsweise Coaching zu kombinieren. Es kann aber weder Aus- noch Fortbildungen ersetzen, sondern mit seinem informellen Wissen nur ergänzen. Mentoring ist gerade für die Nachfolge in Führungspositionen sinnvoll, da es hier nicht mehr unbedingt um Fachwissen geht, sondern vor allem um soziales, situatives (Macht-)Wissen. Dies kann zusätzlich durch Coachings unterstützt werden, um der Nachwuchskraft die Möglichkeit der Reflektion durch eine externe Person zu ermöglichen. Diese Kombination scheint erfolgversprechend zu sein, da es ein möglichst störungsfreies Einfinden in neue Führungspositionen ermöglicht. Die Nachwuchskräfte haben stets die Möglichkeit sich Rat und auch Feedback von ihren Mentoren zu holen, die mit der betrieblichen Praxis bestens vertraut sind, und können somit einige Anfangsfehler vermeiden. Die stärkste Wirkung des Mentoring ist der persönliche Reifungsprozess des Mentees – und dies sollte im Interesse des Unternehmens sein.
In den Gesprächen der Mentoringtandems waren vor allem folgende Themen von Interesse: Karriere und berufliche Positionierung, Professionalisierung, Vernetzung; Berufseinstieg und berufliche Neuorientierung; Persönlichkeitsförderung und -entwicklung, Soft-Skills. Weitaus seltener wurden hingegen Themen wie Unternehmenskultur, Spielregeln und Verhaltensweisen, Politik; Führungsarbeit/ Führungsverhalten; Umgang mit Vorgesetzten und/oder Mitarbeitern; Teamführung, Teamentwicklung; Erfahrungsaustausch (Dialog auf Augenhöhe); Familie, Work-Life-Balance, Privates besprochen. (Edelkraut 2011)

Es bietet sich an Mentoring im Rahmen integrierter Konzepte zu nutzen. So lässt sich das Instrument sinnvoll für Talent Management, Employer Branding[5] und Personalmarketing wie auch zur Führungskräfteentwicklung einsetzen.

---

[5] Es bietet sich beispielsweise an für Kooperationsprojekte mit Universitäten oder Schulen jüngere Mitarbeiter als Mentoren einzusetzen, da diese nicht alleine aufgrund ihres Alters einen besseren Zugang zu den Zielgruppen finden, sondern im gleichen Zuge auch ihr Führungspotenzial zeigen können.

3. Wissensmanagement als Antwort auf den demografischen Wandel

In vielen Unternehmen ergibt sich ein recht eindeutiges Bild, das Grund zur Sorge bereitet, wenn keine Maßnahmen den Herausforderungen des demografischen Wandels zu begegnen ergriffen werden. In zehn bis fünfzehn Jahren sind zahlreiche Unternehmen nach derzeitigem (Personal-)Stand „vergreist" und viel Erfahrungswissen ginge verloren, da es nicht an den kaum vorhandenen Nachwuchs weitergegeben werden könnte. Es sollte mehr als deutlich sein, was dies für die Effizienz eines Unternehmens bedeutet und dass dieses Szenario abzuwenden ist.

Um Wissen im Unternehmen zu halten, bieten sich Instrumente wie Mentoring, bedarfsorientierte Fortbildungen[6], Einarbeitungsprogramme und Rotation[7] an. Diese Instrumente sollten alle nicht – wie überwiegend praktiziert – als individuelle Lösungen angewandt werden, sondern systematisch und strategisch orientiert als Instrument der Personalentwicklung eingesetzt werden, sodass Kontinuität gewährleistet ist. Des Weiteren wäre es sinnvoll die Fortbildungsprogramme bedarfs- und nicht (nur) angebotsorientiert einzusetzen. An dieser Stelle kommt die Führungskraft ins Spiel – sie trägt dafür Sorge, dass die Mitarbeiter gezielt gefördert werden können. Es ist wichtig, dass der Vorgesetzte sich kontinuierlich mit den Mitarbeitern austauscht und neben den Erfordernissen des Arbeitsplatzes auch ihre Erwartungen und Interessen kennt und diese durch eine gezielte, bedarfsorientierte Fortbildung fördert.

Bedarfsorientierte Fortbildung und Einarbeitungsprogramme steuern einen gezielten und effektiven Wissenserwerb, während Führungskräftenachwuchsentwicklung, Mentoring und Rotation auch Erfahrungen, informelle Kompetenzen und Führungswissen erweitern und transferieren können. Mentoring ist in der Regel ein Instrument zur Förderung des Führungskräftenachwuchses, da seine Effektivität gerade in Bezug auf informelles Wissen und Netzwerke heraussticht. Insofern scheint es vor allem durch den Informations- und Erfahrungsaustausch für die höheren Positionen geeignet. Für den Transfer von (fachlichem) Wissen sind hingegen Lerntandems

---

[6] Es gibt verschiedene Arten der Fortbildung: Anpassungs-, Einführungs-, Ergänzungs-, Aufstiegs- und Wiedereingliederungsfortbildung.

[7] Rotation soll dazu dienen durch einen breit gestreuten Wissenstransfer den Horizont der Mitarbeiter zu erweitern. Durch den Wechsel der Tätigkeiten, der alle fünf bis zehn Jahre stattfinden sollte, beabsichtigt man, die arbeitsbezogene Motivation und Leitungsbereitschaft zu steigern, was letzten Endes zu einer Verbesserung des Leistungsniveaus führt. „Neben einer Befriedigung der psychologischen Bedürfnisse (z.B. Anerkennung der Leistung) stellen in der Arbeitswelt vor allem Kompetenzerweiterung, Selbstentfaltungsbedürfnisse und die Arbeit selbst Motivatoren dar." (Buck 2007: 103)

sinnvoller, in denen ältere und jüngere Mitarbeiter sich mit ihrem Wissen gegenseitig befruchten.

Die demografische Entwicklung erfordert ein Umdenken – vor allem in den Personalabteilungen und Vorstandsetagen – hinsichtlich Personalmanagement, der Weiterbildung älterer wie auch der Qualifizierung gering qualifizierter Beschäftigter. Mentoring kann hierbei oftmals eine Hilfe sein.

Quellenverzeichnis

Buck, Hartmut (2007): Demographischer Wandel und öffentlicher Dienst – Dokumentation der Europäischen Expertenkonferenz, 2. Mai 2007, Brühl/Deutschland

Edelkraut, Frank (2012): Mentoring; Handbuch PersonalEntwickeln 158. Erg.-Lfg., März 2012

Edelkraut, Frank (2011): Der Mentor – Rolle, Erwartungen, Realität; Studie der Mentus GmbH – Kurzfassung der Ergebnisse mit Fokus auf den Mentoren
http://www.mentus.de/Medien/Dokumente/Kurzversion_Mentorenstudie.pdf, eingesehen am 22.02.2012

Mentus GmbH (2010): Mentoring-Programme. Organisation und Erfolgsfaktoren – Zusammenfassung der Ergebnisse einer geschlossenen Studie aus dem Juli 2010

Tietze, Kim-Oliver: http://www.kollegiale-beratung.de/ , eingesehen am 10. Mai 2012